경남시인선 240

단시조 사계四季

정영도 제4시조집

돌선 경남

시인의 말

자연의 사계四季 변화를 느낀 시인의 감성을 단시조短時調로 표현해 봅니다.

등단 25년의 창작 활동을 해 오면서 습작한 단시조를 출판해 보고도 싶었습니다.

시간이 흘러갈수록 생명의 존귀함을 더욱 절실하게 느끼기도 합니다. 투석透析을 시작한 후로 더욱 절실히…

언젠가 세상의 소풍을 마치고 떠나간 후에도 남아 있을 간행물을 생각하면서 출판에 게으르지 않겠다는 작은 소망을 가져 보기도 합니다

자연의 변화를 계절별로, 또 자연과 마음 동향별로 사계에 편입하여 묶으면서 애매한 계절들은 겨울에 포함시켰습니다. 많은 이해를 부탁 드립니다.

2025년 작가 드림

차례

시인의 말 • 3

제1부 봄 春

봄날의 꿈	12
살아온 길	13
봄비 내리는 밤	14
그리운 사람	15
봄바람	16
비 오는 풍경 · 1	17
목선 木船	18
마산역 馬山驛	19
바람개비 인연	20
초승달 · 1	21
사랑	22
살아 있다는 기적	23
첫사랑	24
꽃잔디	25
산비둘기	26
밭이랑	27
꽃자리	28

늙은 부부 사랑 이야기	29
인생	30
제비꽃·2	31
그리운 당신 얼굴	32
우크라이나 봄	33
영산홍	34
비 오는 밤	35
아내의 텃밭과 나	36
골목길	37
돌확에 봄이 와서	38
꽃동산	39
정성 들인 꽃	40
죽음에 대하여	41

제2부 여름 夏

수국·2	44
여름 한낮	45
장독대와 다육	46
한더위	47
키다리 꽃	48
수련	49
탄저병	50

백일홍	51
지겨운 밭일	52
작은 욕심	53
나의 살던 고향은	54
다랭이 논	55
비 오는 날	56
비와 당신	57
꽃밭에서	58
비 오는 창가에서	59
밀려온 부표浮標	60
어부의 일상	61
오일장	62
교회당의 오후 풍경	63
풀벌레 소리	64
안부를 물어본다	65
오후 시간	66
돌확이 있는 풍경	67
언덕배기 길	68
바람	69
시인의 정원	70
바람의 길	71
슬도	72
유도화油桃花	73

제3부 가을 秋

작은 풍경	76
어머니 · 1	77
산길	78
못다 푼 한숨	79
향기로 가을처럼 찾아 주소서	80
비 오는 풍경 · 2	81
단풍 물	82
산새가 날아와	83
검버섯	84
어부의 하루	85
가을비	86
짧은 편지	87
희미한 얼굴	88
해바라기	89
역사 속 이야기 된다	90
달을 품은 교회당	91
사랑이란	92
그리움	93
기도하는 시간	94
가을을 타고 있나 봐	95
상운당	96

아내의 옹이	97
안부	98
하느님 받아 주소서	99
휘파람새	100
가을 경영	101
벽에 걸린 액자	102
점치는 시간	103
떨어진 감	104
소년의 꿈	105

제4부 겨울 冬

묘비명	108
어머니 · 2	109
하늘나라	110
고집	111
노조 농성	112
혼자인 밥상	113
눈물의 문신	114
투석透析을 받으며	115
염원	116
노년의 추억	117

새미 물	118
농막의 하루	119
겨울 속에서	120
겨울, 겨울이	121
꼭	122
엄마의 소리	123
그리움	124
실패한 인생	125
주민증 사진	126
어느 어부 이야기	127
먼 나라 여행	128
길을 걷다	129
바람	130
철새에 실려 남으로	131
눈 오는 날	132
버텨 낸다는 것	133
굽어진 세월	134
굴 껍데기 흔적	135
번개시장	136
유년의 그리움	137
초승달 · 2	138

후기 • 139

제1부

봄

봄날의 꿈

봄기운 이불 삼은
먼 산의 연둣빛 꿈

매화의 꽃봉오리
맑은 웃음 내미는

생명의
작은 출렁임
어지러운 지구촌

살아온 길

대본도 없는 칠십 평생을
실패도 하고 성공도 했었다

지금 시간의 후회는
반성의 아픔일 뿐

늙음의
연약한 몸에
아려오는 가슴통

봄비 내리는 밤

어디쯤에서 나처럼
기다리는 그대 있어

한밤의 빗소리에 깨어
마음 적시고 기다리는데

추억 속
파릇한 속살
살아나는 그리움

그리운 사람

비 내리는 창가에
외로이 홀로 앉아

목련꽃 봉오리 새며
그리운 얼굴 그리면

말없이
떠나야 했던
못 잊을 사람 그림자

봄바람

찾아온 봄날에는
양지 쪽 햇살 되어

몸을 데우고 서서
골똘해진 님 생각

오늘도
간절함 남아
흔들리는 봄바람

비 오는 풍경 · 1

더 짜낼 기억이 없는
창가에 비만 내리고

잊지 못한 엄마의 얼굴
바람 되어 돌아온 숲은

조용한
설렘이 되어
봄비에 젖고 있다

목선木船

선창가에 닻을 내린
목선이 매달려 있다

만선의 꿈 잊은 채
깊은 잠에 취해서

고요한
달빛에 묻힌
슬픈 외로운 몸짓

마산역 馬山驛

기억 한 움큼 남겨 놓고
홀연히 떠난 막내딸

발걸음 무거운 미련으로
부모의 정이 남아서

긴 포옹
남긴 마산역
짙어 오는 아지랑이

바람개비 인연

돌면 원이 되는
바람개비 인연들이

봄비를 기다리는
사슬로 엮여서

오늘도
바람 향하는
솔바람 기다림

초승달 · 1

더 이상 바다를
꿈꾸지 않으려고

털어내는 마음을
모래밭에 묻었는데

초승달
이른 새벽에
실눈으로 살아 있다

사 랑

태풍에 갇힌 섬에서
며칠(日)을 지내는 우연(偶然)

예측 못 한 내일이
해무에 쌓여서

사랑의
비상등 켜고
껴안고 살았으면

살아 있다는 기적

살아 있음이 기적 같아서
하늘에 감사를 드리곤 한다

정신없이 보낸 시간들을
챙기는 마음 초초하여

투석의
아쉬운 생명
하나의 기적이었으면

첫사랑

잘 익은 기억들이
머릿속을 구르는데

우연한 입맞춤과
달콤한 언어들을

말없이
지워야 할 때
비로소 보이는 너

꽃잔디

길가에 버려진
꽃잔디 수거하여

가슴속에 묻히도록
북돋우며 심는다

시들한
잎새들 깨어
햇살 가득 사랑 가득

산비둘기

밭일로 지루한 시간인데
중천의 해는 꼼짝을 않고

농부의 한숨 소리 높은데
구름만 산 넘어 떠나고

비둘기
구성진 울음에
흔들리는 여름 한낮

밭이랑

죽음보다 먼저 오는 봄소식에
일흔일곱 나이에 텃밭 가꾼다

이제는 그만하자던 밭일
새봄을 그냥 지나칠 수 없어

굽은 몸
엉덩이 끌면서
가꾸는 밭이랑들

꽃자리

철 따라 찾은 꽃자리에
소나기 양量껏 뿌려서

흔적을 남긴 나의 정원에
빗물은 고여서 웅덩이 되고

멧돼지
찾아와서는
냉탕하며 나눈 사랑 흔적들

늙은 부부 사랑 이야기

비파나무 옆에 서 있는 늙은 부부
마음은 초록으로 물들어 생기 돌고

아침의
맑은 공기로
넘쳐 나는 부부애夫婦愛

인 생

안으로 새김질하듯
옛 시절의 아픔들이

벼랑의 풍란처럼
살아온 목마른 인생

굳건히
초록을 품은
물오름 되었구나

제비꽃 · 2

새벽길 바람에도
흔들리며 피는 제비꽃

아무도 몰래 찾아와
자리한 보랏빛 웃음

촉촉한
세상 밝히고
기쁜 웃음 전하네

그리운 당신 얼굴

오염된 내 몸 하나
꽃향기로 염했다가

계절에 찾아든 바람
저녁놀 향기 되어

주루룩
꽃비 내리는
그리운 당신 얼굴

우크라이나 봄

봄비 늦게 내린 밤에
후두둑 피어난 목련꽃

총알이 빗발친 우크라이나
머리에 모반 이고 피하던

어머니
눈물 감추던
고통의 한국전쟁

영산홍

붉은 영산홍 화들짝 피고 있다
마주 앉은 봄 여인의 모습으로

찻잔에
먼 구름 담고
가득한 음악으로

비 오는 밤

한밤에 내리는 비는
잠귀가 하도 밝아

졸던 새싹을 깨우고
봄의 천지를 변화시켜

새하얀
목련꽃 불러
넘치는 봄 향기

아내의 텃밭과 나

봄 소리가 일꾼 텃밭을
아내의 노동으로 메우고

이랑을 돋운 농작물에
나는 방관자가 되었네

간절한
농막 밥솥에
뜸 드는 밥 내음

골목길

백열등 켜진 골목길
먼 날의 기억되어

밤안개가 밀려오면
때 묻은 생각 가득

할머니
구멍가게에
그네 타는 거미줄

돌확에 봄이 와서

새들이 돌확에서 몸 씻는 소리는
자연을 깨우는 사랑의 음악 소리

몸으로
물속의 사랑이
가득히 넘치는

꽃동산

발길 넘치는 꽃동산
초목이 요염 떠는 그곳

모르게 찾아온 봄소식에
만화滿花방초 동산 되어

벌 나비
사랑도 바쁜
행복의 우리 동산

정성 들인 꽃

새로 일군 꽃밭에
정성 들인 꽃이 핀다

몸 아파 못 돌본 사이
소리 없이 자라나서

자기 멋
다 풍기고 선
가슴에 핀 꽃 되어

죽음에 대하여

나는 죽음을 알 수 없다네
바위의 생명을 모르듯이

그저 오늘에 애타하고
불만을 마음껏 토하고

자신만
존재 가치로
세우는 고집불통

제 2 부

―

여름

수국 · 2

무더운 여름 햇살에
고개 숙인 수국 위로

언덕 위 교회당의
무거운 종소리 들려

수줍은
마음 감추는
얼굴 붉은 꽃송이

여름 한낮

비둘기 구성지게 우는
산그늘에 앉은 아낙

물길 따라 투망 나간
지아비 생각다 졸고

매미는
미루나무에서
여름을 흘려 보내고

장독대와 다육

해묵은 침묵으로 입을 다문 장독대
섬세한 아낙 솜씨에 다육이 옹기종기

하늘빛
내려앉은 밤
별들의 웃음소리

한더위

뙤약볕 쏟아지는 중천의 여름 한낮
바람도 대숲과 나뭇가지에 졸고 있고

텃밭의
고추는 시들어
타는 목을 어찌 할꼬

키다리 꽃

뙤약볕 쏟아질 때
구름 불러 모으는

키다리 노오란 꽃
하늘거리는 몸매로

긴 하루
버티며 서서
시름하는 그리움

수 련

아득한 먼 길 돌아
돌확에 내린 공주

노랑꽃 한 송이 피워
잠에 겨운 눈을 감는

찾아온
그리운 마음
연蓮잎의 잠자리

탄저병

윤슬 내리는 7월 아침
미풍이 말 없는 시간

탄저병에 망쳐 버린
고추밭을 돌아보고

약통을
말없이 지고
다스리는 상처들

백일홍

마음에 가득 넘치는
백일홍이 피어난다

비 내리는 여름 오후에
말없이 찾아온 예쁜 얼굴

길가에
반겨주는 너
웃고 가는 자동차

지겨운 밭일

뻐꾹뻐꾹 피 올려
한더위 맞는 뻐꾹새

고추밭 풀매기
지겨움 감당 못 해

도망갈
궁리 못 하고
만지는 아픈 허리

작은 욕심

해가 지고 있다
노을이 붉게 탄다

계절 따라 변하는
노을 지는 자리인데

새로움
가슴에 담고
소망의 탑 세운다

나의 살던 고향은

논에 물 대던 소리와
자식 밥 먹는 소리가

제일 행복하고
복된 일이 된 하루

모깃불
피어올린 연기
휴식의 초저녁 시간

다랭이 논

천수답 다랭이 논
발길을 재촉하고 있다

물길을 열어 놓고
물이 한 논 담기면

벼 심는
농부 기쁨에
고봉 쌀밥 한 그릇

비 오는 날

내 마음의 눈물이
창가에 비로 내리고

우리 둘이 사랑한 것이
무척 잘못된 일이 되어

비 맞은
새가 되어서
사랑에 울고 있다

비와 당신

섬마을 오솔길에 만나
밤새도록 비를 맞고

흠뻑 젖은 체온을
처리할 수 없어서

입술로
맞대 온 당신
가난한 섬의 사랑

꽃밭에서

지심 깊어진 나의 꽃밭에
발길 끊은 두 달의 시간이

황망한 모습 되어
병마처럼 남았다

재활의
소식은 없어
애타는 아린 마음

비 오는 창가에서

창가에 부딪치는
산새의 날갯짓은

둥지 속 잊을 수 없는
사랑의 열기인가

비처럼
마음을 적셔
몽롱한 사랑만 가득

밀려온 부표浮標

풍랑에 밀려온
스티로폼 부표 베고

피곤한 어부는
햇살에 졸고 있다

꿈꾸는
만선의 기대
벅찬 오수午睡에 맥없이

어부의 일상

온몸으로 적어나간 자서전 같은 바다는
삶들이 다르지도 않는 빈틈없는 여유로

하얗게
시린 어깨를
다독이는 일상들

오일장

새벽달 안은 부지런한 마음으로
눈 부비며 오일장 가신 어머니

해 뜨는
푸짐한 하루
사랑으로 넘쳤으면

교회당의 오후 풍경

산안개 느린 흐름으로
몸을 적신 동해교회

가슴에 잔잔히 남은
찬양의 반주 소리

엊그제
짝 찾은 까치
무화과 그늘에 숨었다

풀벌레 소리

가을색 찾은 풀벌레 소리
한 움큼 담아 보내노니

그리운 나의 사람아
기별 기다리는 간절함 알고

맨발로
하던 일 멈추고
종종걸음 오소서

안부를 물어본다

어느 별의 주소로
기다린 안부 전할까

꽃씨를 뿌리고
고운 흙 돋우고

분주한
간절한 손길
안부를 물어본다

오후 시간

남은 생의 여유를 즐기러
가꾸고 있는 정원에 앉아

찾아온 산비둘기
친구하고 있는데

오후의
한가한 시간
그늘 내린 저녁 햇살

돌확이 있는 풍경

정원에 입 벌리고
가득 물 안은 돌확에

산비둘기 한 쌍이
찾아와 목욕한다

지난밤
불태운 열정
시원히 재우면서

언덕배기 길

붓꽃의 요염이 피는
언덕배기 길가에

임과 걷던 발자국에
여름비가 내리면

옛날의
고운 사연은
한 폭의 짙은 수채화

바 람

새로 일군 꽃밭에
바람이 불고 있다

기다린 마음들이 일어
꽃등을 어루만지고

채송화
숨어 사는 마음
들키지 않도록

시인의 정원

별똥별 떨어지는 시인의 외로운 정원에
간섭 받길 싫어하는 화초들이 자라나고

꿈에만
그리던 엄마
찾아와 땀을 식힌다

바람의 길

바람의 길을 걷고 있다
이정표 없는 여정의 길을

어떻게 멈출 줄 모르면서
꽃 지는 언덕에 잠깐 쉬어 가는

파도가
부서져 가는
바람의 언덕길

슬 도

파도에 흔들리는
안개가 감싸안은 섬

바람과 물때가 조화 이뤄
하나의 기쁨이 되고

풍어에
행복 넘치는
어부의 생활들

유도화 油桃花

소나기 내린 뒤에
꽃대로 올린 유도화

새싹의 귀 올려
성목이 된 위풍으로

기다린
소망 가득히
기쁨 주는 유도화

제3부

가을

작은 풍경

늘상 걸어온 길들이
어둠으로 서툴러지면

가로등 초병 되어
지키고 선 오두막

벚나무
오한을 떨며
짙어지는 외로움

어머니 · 1

속울음 가슴에 묻고
살다 가신 어머니

동백기름 바르던
빗질 고운 머릿결

손 모은
늙은 한 세상
자식 위한 염원뿐

산 길

어머님 보내시고 돌아오는 산길에
산새가 울고 뻐꾸기도 목이 메었다

억장이
무너져 내린
눈물 젖은 그 산길

못다 푼 한숨

어지러운 삶 때문에
골몰하다 보낸 세월

선창가 물때 따라
투망 시간 맞추는

애타게
살아온 날들
못다 푼 한숨들

향기로 가을처럼 찾아 주소서

가을이 찾아온 시간
그대의 향기가 그리워

바람결 고운 이 길을
조용히 더듬고 있다

그대의
향기로 가을처럼
찾아와 주소서

비 오는 풍경 · 2

창가에 앉아서 멍때리며
바라보는 젖은 나무와 풀들

휴일의 하루는 비에 저물고
바람에 불이는 소리 무거워

무심히
생각에 잠겨
홀로된 외로운 좌상

단풍 물

먼 산이 타고 있다
단풍 물 되어 타고 있다

인생도 붉게 물드는
저무는 황혼인데

조용히
마음을 열고
바람길 걷는 외로움

산새가 날아와

산새가 팔손이 숲에서
겨울을 불러들이면

체온 관리에 집중하는 환자$_{患者}$
경련의 고통에 힘겨운 사투는

심혈관
나의 병마로
아리는 앞날만 가득

검버섯

검버섯 핀 얼굴
손으로 만지며

지나온 세월의
역사를 더듬어 본다

뚜렷한
피부의 옹이
귀가 차는 흔적들

어부의 하루

선창에서 그물 손질하고
인양기 올려 물구멍 잡고

땀 흘리며 태양과 싸우다
컵라면도 못 먹은 시장기

물때를
놓친 어부의
보상 없는 쓸쓸한 하루

가을비

짜증스럽고 화나는 하루
감당하기 힘든 이 시간

가을비는 종일 내리고
계획 없는 일상들로

지루한
멍멍한 자세
가을비에 젖는 시간

짧은 편지

책장에 꽂아 두고 온
짧은 편지 사연 보고

지금쯤 내 맘 알까
아니면 낭패해할까

이 마음
피고 지는데
퇴색되는 옛사랑

희미한 얼굴

초등학교 소풍 때 찍은
오래된 흑백 사진

소식 없는 얼굴은
먼 나라로 갔을까

희미한
추억의 그날
꿈틀대는 아지랑이

해바라기

떠나간 그대가
다시 올까 봐서

지축 밟고 조용히
서 있는 해바라기

바람에
가슴 시려도
변하지 않는 마음

역사 속 이야기 된다

순진한 숨결들이
마음의 글 짓는다

내산리 고분군을
찾아가는 마음 되어

해오름
동해 마을학교
역사 속 이야기

달을 품은 교회당

교회 오빠, 여동생이
목사와 사모 되었죠

복음 전하는 목회자와
사랑 주는 사모로

하나님
복되신 사랑
달을 품은 교회당

사랑이란

사랑은 멀리 있어야 할까
사랑은 가슴 아파야만 할까

눈빛만 나누고서
웃음으로 답함은

예감을
할 수 없었던
크나큰 사랑일 거야

그리움

어부가 남기고 떠난 흔들리는 목선 하나
밧줄을 조여 주는 손길이 없는데도

밤하늘
수줍은 얼굴
애처로운 그리움

기도하는 시간

숨죽여 손 모으는 시간
별이 뜨고 있는 곳

눈물 흘리는 참회의 공간
빛나는 별은 기도가 되고

영원한
아름다움이
날개 달고 오르겠지

가을을 타고 있나 봐

옷깃을 스치는 바람이 불어오면
단풍 찾아와 주체 없이 흔들고

억새풀 손짓하는 바람의 능선으로
구름 쫓는 마음 부푼 풍선 되니

아마도
내 마음속은
가을을 타고 있나 봐

상운당*

투병을 하다 찾아간 집필실
주인 없음이란 기별만 쌓인 곳

바람이 휭하게 자리한 공간에는
주인 못 찾은 편지들이 가득

냉기가
가득한 책상
먼지 쌓인 상운당

＊상운당: 시인의 집필실 이름.

아내의 옹이
―아내의 영정 사진을 보며

후더분한 마음 지켜 온
웃음 머금은 아내의 영정 사진

두 자매 건사하며
고생시키지 않았던

아내의
환한 웃음이
옹이로 남은 흔적들

안 부

오늘은 어떤가요?
당신의 안부가 궁금하여

바람결에라도 소식을
물어보고 싶습니다

언제나
편안하세요
내 마음 안도安道되게

하느님 받아 주소서

하느님 받아 주소서
세상을 잘못 산 나를

하나님 받아 주소서
고집불통 못난 나를

간절한
어리석음 극치인
나를 받아 주소서

휘파람새

물오른 초목들로
산들은 짐을 지고

간밤에 선잠 자고
휘파람새 날아간다

바람길
열려 있는 곳
그리움 찾아서

가을 경영

가을 텃밭 경영을 위한
아침 노동 숨 가쁘다

무, 시금치, 배추, 상추
마음 들뜬 가을 경영

늦가을
차분히 내릴
가득한 먹거리들

벽에 걸린 액자

벽에 걸린 그림의 작가
세상 떠나가고 없는데

사랑하던 정경과
골몰하던 구도들이

풍경의
한 폭 그림 된
청청한 파도 소리

점치는 시간

숙제인 양 풀리지 않는
생명의 한계를 몰라서

눈을 껌벅거리고 앉아
메아리만 더듬다가

오늘은
어떻게 될까
골몰하며 점치는 시간

떨어진 감

발길에 떨어진 푸른 감들
왜 일찍 떨어져야 했을까

다 보듬을 수 없었던
감당 못 한 기력에

손 놓은
감나무 잎새
통곡하는 모습들

소년의 꿈

수줍은 소년이
품은 꿈은 무얼까

저 높은 하늘나라에서
살고 싶은 욕심일까

바람에
가슴을 열고
하늘 향해 감은 눈

제 4 부

겨울

묘비명

어느 시인이 깊이 잠든 곳
찔레꽃 하얀 마음으로

바람에 향기 전하면
질긴 기억을 줍는데

멧새가
가끔 찾아와
노래하는 묘비명

어머니 · 2

경대 앞에서 머리를 손질하고
갓 짜낸 동백기름 바르시는

어머니
당신은 참으로
조선의 여인입니다

하늘나라

찔레꽃 언덕길 가만히 홀로 걷다가
말없이 어디로 갈 가증스런 생명

흰 꽃의
넋이 되어서
찾아갈 하늘나라

고 집

깊어가는 나이를
모닥불로 피워내고

외길로 고집 부린
앙상한 몰골 남아

칡넝쿨
휘감긴 세월
성성한 백발이여

노조 농성
―대우조선 노동 운동을 보면서

노조는 지치지도 않고
오십 일을 버티는데

떨어지는 경제지수
국민들 걱정만 쌓이고

보슬비
손들고 나와
지쳐서 쓰러진다

혼자인 밥상

먼저 와 기다린 고통의 병마가
종막을 언제 내릴지 모르는데

시장을 다녀온 아내가
조리법을 가르친다

누군가
먼저 갈지 모를
혼자인 밥상을 위해

눈물의 문신

언젠가 약하고 힘없는 육체 되어
얼마 남지 않을 날들이 가물가물

좌식 식탁에 두 손을 지탱하고
아슬아슬 자리에 앉는다

겁 없는
눈이 큰 어른
눈물의 문신만 그린다

투석透析을 받으며

어제의 나와 오늘의 내가
구분되는 병상에 누워

인공신장실의 기계음에
한정된 생명을 셈하며

투석透析의
끝 모를 시한
조용히 눈물 고인다

염 원

기도합니다. 나를 잊지 말기를
남길 선명한 흔적은 없어도

그래도 열심히 살아왔다는
이유 하나만이라도 기억되게

손 모은
간절한 기도
마음 다한 울림 되라고

노년의 추억

그녀와의 밀어를 누설할 수 없어
우리는 결혼을 하고 자식을 낳았다

뜨겁던
둘만의 사랑
세월 역사 되었네

새미 물

유년 시절 맛보아 온
대를 이은 새미 물도

마른 지 까마득하여
물맛조차 희미하고

물 긷던
아낙 물동이
빛바랜 세월 증표證票

농막의 하루

무거운 피로 걸머지고
찾아온 농막의 하루

가만히 하늘을 닦으면
참새 한 마리 날아가고

지나온
정리 못 한 시간
풍경風磬만 울음 하네

겨울 속에서

추위에 낙조가 지고 있는 겨울 저녁
잎을 하나 매달고 떨고 있는 벚나무

봄소식
멀리 있는데
눈동자만 굴리고 있다

겨울, 겨울이

죽음을 생각하는 날이 많다
중증 장애인의 끝 날이 궁금해

봄 여름 가을 겨울 계절은 바뀌고
인생의 계절도 변화되어 가는데

육체에
겨울, 겨울이
일어나는 스산한 바람

꼭

겨울 하늘을 날다가 날개 접고 쉬는 곳
간절한 표적물 같은 사랑을 발견하면

그때는
당신을 위한
손 편지 보내리라

엄마의 소리

솥뚜껑 여닫는 소리에
엄마의 소리 숨어 있다

일 마치고 자식들에게
배불리 먹이던 소리

때 묻은
손잡이에는
엄마의 소리 흔적

그리움

산등성이에 눈 쌓여서
봄은 짐작할 수 없는데

약속 없이 떠난 그녀
꿈으로도 버리지 못해

초라한
초승 달빛에
얼어붙은 그리움

실패한 인생

칠십팔 년을 살아온 삶
잘못 산 것 같은 생각

몇 권 시집 내고
자식 둘 건사한 것뿐

몸 아픈
투병의 지금
후회의 하루가 길다

주민증 사진

속없이 폼 잡고 앉은
주민증 증명사진

세월은 흘러서
형상은 몰골인데

그림자
흔적 없는 세월
백발만 무성하다

어느 어부 이야기

섬을 잇는 물결 따라서
노 저어 식수食水를 실어 오던

내 유년의 어부는
백발이 되어서

말랑한
수평선 위에
이야기된 흔적들

먼 나라 여행

식당에 앉아서
메뉴를 보는 순간

닭볶음탕이 먹고 싶다고
같이 자리 했던 사람

먼 나라
여행을 떠나고
달래보는 혼자된 외로움

길을 걷다

길을 따라서 걷고 싶다
바람길 열린 곳으로

바람길 열린 그곳에 있을
온유와 평강의 하늘나라

열심히
기다리고 있을
하늘의 길을 향해서

바 람

바람 따라 흘러가다
산죽山竹 숲에 앉았다가

뚜렷한 방향도 없이
떠나야 하는 외로운 시간

영혼도
바람이 되어
오솔길을 떠날까

철새에 실려 남으로

풋풋한 풀 향기가
철새에 실려 남으로

어느 강가에서
갈대 숲속으로

계절의
풍경이 되어
넘치는 숲의 향기

눈 오는 날

웃자란 철쭉 가지
봄 맞을 마음 넘쳐나고

산새들 둥지 손질
보금자리 꾸미는데

싸락눈
가득한 보금자리
넘치는 사랑 이야기

버텨 낸다는 것

버텨 낸다는 건
살아남는 몸부림

고단하고 힘들어도
포기 못 할 생명 줄

목숨의
보존을 위해
열심히 싸움하는 것

굽어진 세월

굽어진 팔십 세월 시간 따라 걸어온 길
골목에 가로등 하나 불빛을 외로이 밝히고

찬바람
찾아온 세월
눈발이 날리운다

굴 껍데기 흔적

박신댄 굴 껍질이 무덤을 이룬 해변
해안선 지형이 자유형으로 변화된 곳

아낙의
세월의 주름
피어나는 모닥불

번개시장

비리고 젖은 몸으로
자판을 깔고 앉은 순이

겨울은 깊어만 가고
생활은 막막해도

푸짐한
마음 가득히
아침 햇살을 맞는다

유년의 그리움

길을 걷고 있다, 유년의 그리움 찾아
이정표 없는 길을 혼자서 걷고 있다

아버지, 어머니, 형제, 친척들의
온기 남아서 서려 있을 법한 그곳

그리운
마을을 향해
찾아가는 유년의 길

초승달 · 2

달의 목욕 시간을 몰라서 골몰한
훔쳐볼 옹이 구멍에 어둠이 가득하고

디스크
경추 디스크
실눈 뜨는 초승달

후 기

쇠퇴해져 가는 기억들과 녹슬어 가는 영감을 놓치지 않기 위해 습작을 해 오면서 인공신장실에서 말없이 병마를 이기는 환우들을 대신해서 글을 쓰고 싶었다.

연중무휴 환우들을 돌보시는 담당 선생님과 간호사님들에게 고마움을 전하고 싶은 마음도 절실했다.

그러나 세월은 지나가고, 주위에 머무르는 사계절을 몸으로 정신으로 감당해야 하는 아픔을 어찌할꼬?
붙잡고 싶은 순간순간을 위하여 기도하며 살아야겠다는 다짐을 해 본다.

생의 시간이 얼마만큼 주어질지 알 수 없는 막연함을 위하여 열심히 살아야 한다는 다짐을 새삼 하게 된다

나에게 찾아올 봄을 위하여. 당신의 기도를 위하여.

경남시인선 240

단시조 사계四季
정영도 제4시조집

펴낸날	2025년 5월 2일
지은이	정영도
펴낸이	오하룡
펴낸곳	도서출판 경남
주소	창원시 마산합포구 몽고정길 2-1
연락처	(055)245-8818, fax.(055)223-4343
블로그	gnbook.tistory.com
이메일	gnbook@empas.com
등록	제1985-100001호(1985. 5. 6.)
편집팀	오태민 | 심경애 | 구도희
ISBN	979-11-6746-181-0-03810

ⓒ정영도

* 잘못된 책은 바꿔 드립니다.
* 저자와 협의 인지 생략합니다.
* 이 책은 경상남도 경남문화예술진흥원의 문화예술지원을 보조받아 발간되었습니다.

〔값 12,000원〕